AF359201

MÉLANGES

PUBLIÉS

PAR LA SOCIÉTÉ

DES

BIBLIOPHILES FRANÇOIS

(PREMIÈRE PARTIE)

A PARIS

POUR LA SOCIÉTÉ DES BIBLIOPHILES FRANÇOIS

CHEZ ED. RAHIR ET Cⁱᵉ, LIBRAIRE DE LA SOCIÉTÉ

55, PASSAGE DES PANORAMAS

1903

INSTITUTIONS

ET

RÈGLEMENTS DE CHARITÉ

SOCIÉTÉ

DES

BIBLIOPHILES FRANÇOIS

MÉLANGES

PUBLIÉS

PAR LA SOCIÉTÉ

DES

BIBLIOPHILES FRANÇOIS

(PREMIÈRE PARTIE)

A PARIS

POUR LA SOCIÉTÉ DES BIBLIOPHILES FRANÇOIS

CHEZ ED. RAHIR ET Cⁱᵉ, LIBRAIRE DE LA SOCIÉTÉ

55, PASSAGE DES PANORAMAS

1903

INSTITUTIONS

ET

RÈGLEMENTS DE CHARITÉ

AU

SEIZIÈME

ET AU

DIX-SEPTIÈME SIÈCLE

COMMUNIQUÉS

PAR

M. LE MARQUIS DE BIENCOURT

ET

PRÉCÉDÉS D'UNE INTRODUCTION

PAR

M. LE COMTE D'HAUSSONVILLE

de l'Académie française.

PIÈCE N° 5. — *Mélanges.*

SOCIÉTÉ DES BIBLIOPHILES FRANÇOIS, 1903.

Imprimerie Lahure, 9, rue de Fleurus, à Paris.

INTRODUCTION

C'est une heureuse idée qu'a eue la Société des Bibliophiles de réimprimer quelques vieux règlements de charité et de les comprendre dans l'un de ces intéressants volumes qu'elle publie trop rarement. La forme en est singulièrement touchante, que les intentions charitables de nos pères s'expriment dans la langue encore incertaine et balbutiante du xvi° siècle ou dans celle plus ferme et plus claire du xvii°. Mais ce n'est pas par la forme seulement que ces règlements sont intéressants; c'est, au moins autant, par le fond, et leur ancienneté même ajoute à leur attrait. Quelques-uns de ces règlements ont été édictés au lendemain de nos guerres civiles; ils reposent de la dureté de ces temps, et montrent qu'au plus fort de ces luttes sanglantes la charité chrétienne savait élever et faire entendre sa voix.

C'était bien le sentiment chrétien qui animait Maître Houël, marchand bourgeois de Paris, lorsque, dans le préambule d'un règlement qu'il proposait « pour l'institution d'une maison de charité, faubourg Saint-Marcel », il parlait « de ces artisans dénués de biens et de facultés et toutefois vergogneux de publier leurs disettes et nécessités, chargés de femmes et grand nombre d'enfants, enserrés dans leurs maisons » et lorsqu'il ajoutait : « c'est une chose qui ne se pourrait sans jeter abondance de larmes, d'entendre les clameurs de leurs petits enfants, et les voir pâles et défaits leur demander du pain, et néanmoins le père, transi en son cœur et grevé du regret de la nécessité, les regarde d'un œil piteux et n'avoir de quoi leur subvenir et satisfaire. » On a peine à croire que ces lignes touchantes ont été écrites six ans après la Saint-Barthélemy.

A un autre point de vue ces règlements sont non moins instructifs, car ils répondent victorieusement à une prétention quelque peu outrecuidante que l'on rencontre fréquemment sous la plume de nos sociologues

pour employer un mot que je n'aime guère) :
à savoir que les procédés de l'assistance
moderne seraient infiniment supérieurs à
ceux de l'antique charité, et que, sous ce
rapport, non seulement il n'y aurait rien à
apprendre de nos pères, mais qu'il y aurait
à prendre plutôt en pitié ce qu'ils faisaient.
Moi-même (dois-je l'avouer) j'étais un peu
sous l'empire de ce préjugé. Je croyais volontiers, et sans y avoir trop regardé, que l'antique charité était exclusivement *aumônière*,
comme on disait de l'un de nos premiers rois,
et que, sauf lorsqu'il s'agissait des malades ou
des infirmes recueillis dans les hôpitaux et
hospices, elle se contentait de distribuer,
sans beaucoup de discernement, des secours
en argent aux indigents et aux mendiants,
favorisant ainsi quelquefois la paresse ou la
ruse. Il m'a fallu lire les divers règlements de
charité que publie aujourd'hui la Société des
Bibliophiles, dont le plus ancien remonte à
1578 et le dernier à 1662 pour me convaincre
que l'ancienne charité connaissait des délica-
tesses et avait recours à des précautions que
je croyais particulières à la charité moderne.

J'en donnerai quelques exemples tirés de ces règlements mêmes.

Parmi ce que je viens d'appeler la délicatesse de la charité moderne, on peut ranger ces œuvres qui tendent de nos jours à se multiplier, et dont le but est de secourir les pauvres honteux. Je croyais ces œuvres de date relativement récente, et j'aurais volontiers dit avec assurance que la plus ancienne était cette belle œuvre de la Miséricorde créée en 1822. L'expression même de *pauvres honteux* me paraissait de la langue contemporaine. J'ai appris par ces règlements que les œuvres de charité de cette nature étaient fort anciennes, puisque ce préambule de maître Nicolas Houël, dont je citais tout à l'heure quelques phrases, a précisément pour but de fonder une œuvre en faveur de ces pauvres qu'il dépeint « comblés de longues et grandes maladies, n'étant pour leur pauvreté secourus et médicamentés, et néanmoins estant vergogneux pour s'acheminer en un Hostel Dieu accompagnés (en compagnie) de plusieurs belistres et cagniardiers, finalement et faute de secours trouvent la fin de leur vie précipitée par une rigoureuse nécessité ». Aussi l'œuvre qu'il propose de fonder doit-elle se composer de cinq *membres* (nous dirions aujourd'hui de cinq branches) dont une apothicairie, un hôpital et une sorte d'école de médecine et de pharmacie « dont les élèves devront aller traiter et médicamenter en leurs maladies et infirmités les pauvres honteux de la dite ville et faubourg, sans qu'ils sortent de leurs maisons pour aller à l'Hostel Dieu, qui est une grande œuvre de mérite envers Dieu et qui ne s'est encore pratiquée ». Et cette même préoccupation des pauvres honteux ou vergogneux se retrouve dans les autres règlements avec les recommandations les plus minutieuses sur la meilleure manière de leur venir en aide.

Volontiers aussi j'aurais considéré comme des œuvres modernes les œuvres de préservation de la jeunesse ou de relèvement des femmes tombées. Des jeunes filles *en hasard*, pour parler comme ces vieux règlements, j'aurais pensé qu'on ne s'occupait guère, et si je savais bien qu'il existait pour les *débau-*

chées qui avaient échappé à la Salpêtrière ou
aux Madelonettes des couvents où on les ac-
cueillait, je croyais que ces couvents se refer-
maient à jamais sur elles, et qu'elles y demeu-
raient, de gré ou de force à l'état de *sepolte
vive* comme dit la langue italienne. Il m'a
fallu la lecture de ces vieux règlements pour
apprendre que des *jeunes filles* en *hasard*
rencontrées dans les familles qu'elles visitaient les dames de charité s'occupaient déjà
pour leur procurer emploi ou retraite, et
qu'elles veillaient à ce que les enfants des
familles qu'elles visitaient fréquentassent les
écoles de la paroisse pour y apprendre à lire
et à écrire, et fussent instruits en quelque
métier qui leur permît de gagner leur vie.
Nous dirions en langue moderne qu'elles
veillaient à leur éducation primaire et pro-
fessionnelle. Quant aux *débauchées*, on ne
saurait lire sans respect ce qui est dit, dans
le règlement de la compagnie de la paroisse
Saint-Eustache, des dames qui s'occupaient
de ces malheureuses :

« Ces dames s'estudient de leur imprimer
une vive douleur de leurs désordres passés,

et de leur faire connoistre l'obligation qu'elles ont de se nettoyer par les larmes de la pénitence de toute la saleté qu'elles ont prise dans la boue des plaisirs terrestres, et parce que le motif de cette compagnie est purement surnaturel et sans meslange d'aucune police humaine, ils n'usent que de persuasion envers ces filles, et ne les retiennent en cette sainte maison qu'autant qu'elles le veulent, n'estimant pas qu'une conversion puisse estre de durée si elle n'est entièrement libre. » C'est ainsi que nos pères ou plutôt nos mères savaient concilier le double principe de la charité chrétienne et de la liberté humaine.

Nos pères n'avaient pas les yeux moins ouverts que nous sur les ruses des faux pauvres, « ce qui mérite grand examen parce qu'ils ont les aumosnes de ceux qui sont véritables pauvres ».

Aussi était-il recommandé aux visiteurs et visiteuses de se méfier de ceux qui déguisent leurs noms, qui les changent, qui en prennent plusieurs, qui supposent leurs conditions, qui n'exposent pas la vérité « dans leurs billets », et aussi des voyages, qui sont toujours « suspects », des pensions qui contribuent quelquefois à la fainéantise, sous prétexte de l'assurance d'une subsistance ordinaire. Ainsi les ruses de la mendicité étaient parfaitement connues de ceux qui s'occupaient autrefois de charité, et aussi les inconvénients de l'aumône directe. C'est pourquoi il est signalé aux visiteurs et visiteuses « comme estant plus seur de leur donner les choses en nature, comme de l'estoffe, de la soye, du cuir, que de l'argent », et le règlement de la paroisse Saint-André des Ares conseille « l'établissement d'un magasin pour les provisions et besoins nécessaires aux pauvres et des meubles et ustancils marqués à la marque de la Paroisse, afin de donner par prest, et qu'ils ne le peuvent vendre ». En un mot, ces règlements ressemblent, à la langue près, à ceux de nos modernes bureaux de bienfaisance, et pourraient leur avoir servi de modèle.

Ainsi, quand on étudie de près ce très vieux passé, on s'aperçoit que quelques-unes des critiques dirigées contre lui sont tout à

fait inméritées, et que telle soi-disant idée
nouvelle est tout simplement un emprunt
qu'on lui fait. Sans doute la charité a fait
des progrès dans son application parce que
tout progresse. Je veux qu'elle soit aujour-
d'hui moins irréfléchie, mieux ordonnée,
moins *aumônière*, plus efficace, mais ne
prenons pas des airs de dédain vis-à-vis de
la charité d'autrefois. L'étude attentive des
documents ne le permet pas. C'est un véritable document que la Société des Bibliophiles met au jour en publiant ces règlements. Elle apporte ainsi une contribution à
cette histoire sociale et économique de l'ancienne France qui reste à faire. Trop d'his-
toriens se sont complu à décrire ses misères.
Il ne faudrait cependant pas fermer obsti-
nément les yeux sur ses grandeurs, et il faut
remercier les chercheurs patients et érudits
dont les découvertes projettent quelque
nouvelle lumière sur les points demeurés
dans l'ombre.

Comte d'HAUSSONVILLE,

de l'Académie française.

ADVERTISSEMENT

ET

DÉCLARATION DE L'INSTITUTION

DE LA

MAISON DE LA CHARITÉ CHRESTIÈNE

ESTABLIE ES FAUXBOURGS SAINCT-MARCEL
PAR L'AUTHORITÉ DU ROY ET SA COURT DE PARLEMENT
1578

ENSEMBLE

PLUSIEURS SAINCTES EXHORTATIONS, INSTRUCTIONS
ET ENSEIGNEMENTS TANT EN PROSE QU'EN VERS
POUR INDUIRE LE CHRESTIEN A AIMER DIEU ET LES PAUVRES
LE TOUT RECUEILLY DES SAINCTES ESCRITURES
ET AUTHORITEZ DES SAINCTS DOCTEURS
DE L'ÉGLISE CATHOLIQUE

PAR

NICOLAS HOUËL

Marchant Bourgeois de Paris, premier Inventeur de ladite maison
Intendant et Gouverneur d'icelle.

SCOPUS VITÆ, CHRISTUS

A PARIS
PAR PIERRE CHEUILLOT, IMPRIMEUR
DEVANT LE PETIT NAVARRE
Avec privilège du Roy
1580

A Très Chrestienne, Très Illustre
et Charitable
Princesse Loyse de Lorraine,
Roine de France

La véritable renommée conforme aux effectz (Très
Vertueuse Princesse) vous a tant élevée en la grace et
faveur des François, que sans toucher à l'honneur des
autres Princesses : mais à la louange que vous mesmes
vous estes acquise par vostre propre vertu : j'ose dire
que vous estes parvenue au comble de l'heureuse
réputation, que méritent les Roynes héroïques et charitables. Dequoy nous tesmoignent les bonnes prieres
accompagnées des aumosnes que vous faites ordinairement aux Pauvres. En outre la continuation du Zèle
et singuliere affection que vous avez à vostre maison
de la Charité Chrestienne, commencée es faulx bourgs
Sainct Marcel, laquelle en grande dévotion vous este
venue visiter : de sorte qu'à bon droit l'on vous peut
nommer l'exemplaire de vertu et saincte conversation.
C'est pourquoy je vous présente ce petit traicté qui est
l'advertissement et déclaration de l'institution d'icelle
Maison de la Charité Chrestienne : lequel j'ay enrichy
de quelque Remonstrance et salutaires exhortations,
prières et dévotes méditations. Avec quelques Sonnets
Spirituels, ensemble une paraphrase sur le psaume qua-
rante et un. Le tout pour l'advenement de la gloire de

Dieu, et soulagement de ses pauvres Membres tant recommandez ès Sainctes Ecritures, je croy que ceste lecture ne vous sera sans vous apporter quelque fruit : ainsi vous incitera de continuer en ceste zelee volonté, et de cheminer de vertu en vertu par Sainctes et Charitables œuvres ; lesquelles porteront tesmoignage de vostre cœur et pensée devant le Throsne du Souverain Dieu. Il ne reste autre chose (Madame) que prier ce grand Roy des Roys vous donner l'accomplissement de voz saints desirs : Et à la fin de voz jours la couronne celeste.

Vostre très-humble, tres-affectionné

Serviteur et subject Nicolas

HOUEL. PARISIEN.

NOTE. — En réimprimant en entier, dans leurs parties essentielles, ces *Institutions et Règlements de Charité*, la Société des Bibliophiles a voulu montrer que l'organisation des secours aux malheureux ne datait pas de notre époque, mais avait été ébauchée longtemps avant par des âmes émues des misères de leur prochain.

Si le lecteur veut faire plus ample connaissance avec ce personnage curieux que fut l'apothicaire *Nicolas Houel*, il faut qu'il se réfère au livre si intéressant et si documenté que l'érudit administrateur de la Manufacture des Gobelins, M. Jules Guiffrey, lui a consacré dernièrement : *Nicolas Houel, apothicaire parisien du XVIe siècle, fondateur de la maison de la Charité chrétienne et inventeur de la tenture d'Artémise, par Jules Guiffrey, administrateur de la Manufacture nationale des Gobelins, Société de l'Histoire de Paris, t. XXV, 1898. Tirage à part. Paris, 1899.*

C'est une chose trop expérimentée des dangereux et pernicieux effets des guerres civiles, lesquelles une fois étant coulées en un état, affaiblissent tellement toutes les parties d'iceluy par dissensions, tumultes, et partialités misérables, que jusques aux plus petits des premiers membres il ne se trouve rien qui ne soit gâté, corrompu et altéré, ne retenant rien de la force, vigueur et intégrité ancienne. De quoi l'état de la France a plus besoing de se plaindre qu'autre qui soit à présent. Car les ayant nourris et entretenus déjà dix-huit ans entiers, elle a vu à son grand regret non seulement l'honneur de Dieu profané et méprisé en divers endroits de ce royaume, la charité abandonnée, l'autorité du Roi débattue, la justice affaiblie et débilitée : mais aussi le trafic de marchandises délaissé et le pauvre peuple demouré à la merci de la faim et de la guerre, souhaiter plutôt l'avancement de sa mort que la prolongation de sa vie. Ce mal ayant pénétré jusqu'aux plus riches villes de ce royaume et même jusques en cette ville de Paris, a rendu plusieurs personnes riches en une extrême pauvreté, et spécialement grand nombre de marchands et artisans dénués de biens et de facultés, et lesquels toutefois vergogneux de publier leur disette et nécessités endurent en secret de grandes afflictions et de regrets qui ne sont cognuz que de leurs domestiques et plus familiers amis. Car étant chargés de femme et grand nombre d'enfants resserrés en leur maison, c'est une chose qui ne se pourrait voir sans jeter abondance de larmes d'entendre les clameurs de leurs petits enfants et les voir pâles et défaits leur demander du pain. Et néanmoins le père transi en son cœur et grefué du regret de la nécessité, les regarde d'un œil piteux et n'avoir de quoi leur subvenir et satisfaire. De là viennent à telles personnes comblées de regret et déplaisir de grandes et longues maladies, esquelles n'étant pour leur pauvreté secourues et médicamentées, et néanmoins étant vergogneux pour s'acheminer en un Hostel Dieu accompagnés de plusieurs belistres et cagniardiers, finalement et à faute de secours trouvent la fin de leur vie précipitée par une rigoureuse nécessité. Qui est la vraie marque de l'ire de Dieu et qui a donné occasion au Roi Prince autant catholique et charitable que autre qui soit vivant, touché de pieté et compassion de voir tant de pauvres honteux en cette ville et faubourgs de Paris, à l'imitation de ses prédécesseurs Rois de France a voulu instituer une maison de Charité pour le secours et traitement des dits pauvres honteux en ladite ville et faubourgs et premièrement commencé ès Faubourgs Saint-Marcel, laquelle contient cinq membres.

I

Le premier membre c'est la chapelle fondée en l'honneur et gloire de notre Sauveur et Rédempteur Jésus-Christ qui est la vraie et parfaite Charité, en laquelle par chacun jour Dieu est loué, servi et honoré par la voie des pauvres petits enfants orphelins. Semblablement se fait en ladite chapelle le service Divin avec plusieurs Saintes prières tant pour la santé et prospérité du Roi que pour très Illustre Princesse Louise de Lorraine son épouse, pour la Royne Mère du Roi, pour Monsieur le Duc, pour la Royne de Navarre, pour Tous Princes et Princesses du sang royal. Aussi l'on fait prières à Dieu pour le repos de l'Église Catholique Apostolique et Romaine, pour les prélats et pasteurs de l'Église, pour les Chefs de la Justice et autres personnes qui sont en dignité ayant charge et supérintendance du peuple de Dieu, pour très illustre et charitable Dame Madame de Dampierre, pour les Fondateurs et Bienfaiteurs d'icelle Maison, ensemble pour la protection de ce Royaume et conservation de la ville de Paris, à ce qu'il plaise à la souveraine bonté et spéciale miséricorde de Dieu maintenir les citoyens en sa sainte protection, augmenter et accroître leurs biens et familles de ses grâces et bénédictions et à la fin de leurs jours pour récompense de leurs aumônes et bonnes œuvres leur donner le Royaume de Paradis.

II

Le second membre comprend l'instruction d'un certain nombre de pauvres enfants orphelins nez en loyal mariage, lesquels enfants en premier lieu sont instruits dans la crainte de Dieu et doctrine de l'Église Catholique Apostolique et Romaine, puis ès bonnes lettres, pharmacie et connaissances des simples pour puis après aller traiter et médicamenter dans leurs infirmités et maladies les pauvres honteux de la dite ville et faubourgs, sans qu'ils sortent de leur maison pour aller à l'Hotel Dieu, qui est une œuvre de grand mérite envers Dieu et qui ne s'est encore pratiquée. Et ne faut douter que si les anciens s'en fussent advisés elle ne fût encore à faire, vu le zèle de charité dont ils étaient allumés. Mais Dieu par sa divine Providance déclare ses grâces selon les occurences des temps, ainsi que bon lui semble.

III

Le troisième membre contient l'établissement d'une Apothicairie ordonnée par un bon ordre, garnie de toutes sortes de médicaments tant simples que composés pour le secours et traitement des dits pauvres honteux. Et spécialement pour survenir à la nécessité de ceux qui sont chargés de femme et enfants ruinés et appauvris par la longueur des guerres et injures du temps.

IV

Le quatrième membre c'est le jardin des simples, lequel à l'imitation de la ville de Padoue sera rempli de plusieurs beaux arbres fruictiers et plantes odoriférantes rares et requises et de diverses espèces, servant à l'usage de la médecine pour le secours des malades tant riches que pauvres, qui apportera un grand profit et une grande décoration à la ville de Paris. Le déluge et inondation des eaux advenues ès dits faubourgs a grandement endommagé ladite maison de charité et spécialement ladite apothicairie et jardin des simples qui était bien commencé et fort avancé : toutefois nous espérons avec la grâce de Dieu et aide des gens de bien de le bientôt rétablir.

V

Le cinquième membre c'est un hôpital nouvellement basty et édifié contigu ladite maison de charité, auquel par chacun jour ont logé les pauvres honteux passant leur chemin, lesquels après avoir pris leur réfection rendent grâces à Dieu. Puis avant que de se coucher, la cloche dudit hôpital sonne l'espace d'un demi quart d'heure. Et tous les pauvres se mettent à genoux et en grande dévotion chantent le psalme de *Miserere Mei Deus*, le psalme *De Profondis*, une antiphone en l'honneur de la Vierge Marie, *Pater noster* et *Ave Maria*, priant Dieu, le créateur, pour tous ceux et celles qui font aumône de leurs biens à ladite maison de la charité chrétienne.

Il n'y a celuy qui ne sache bien que l'hospitalité est fort agréable à Dieu et grandement recommandée ès Saintes Écritures et comme dit Saint Pierre, en ce monde nous ne sommes que pèlerins et étrangers, n'ayant point icy de cité permanente, ains en faut chercher une au ciel en laquelle Justice habite. Et c'est pourquoi les Pères Anciens étaient si diligents de faire bâtir hôpitaux et maladeries et même retiraient en leurs maisons les pauvres passants. Et par cette hospitalité ils ont grandement plu à Dieu n'estimant la journée être bien heureuse qu'ils n'eussent exercé quelques œuvres de charité. Aussi la bonté de Dieu remplissait leurs maisons et familles de ses grâces et bénédictions. Et à la fin de leurs jours leur a donné le Royaume céleste. Les exemples d'hospitalité sont représentés ès Saintes Écritures par le bon Père Abraham, Loth et autres saints personnages.

ANNOTATION

Quand il plaira à la bonté et miséricorde de Dieu accroître le bien de cette pauvre maison, allumer le Roy, les Princes et Seigneurs et autres personnes remplis du zèle de Dieu et charité du prochain à y aumôner de leurs biens, l'en y adjouter les sept arts libéraux avec les autres disciplines et sciences jusques à la langue grecque et hébraïque, même les langues étrangères : de sorte que ce sera une académie de toute piété et science, le tout pour l'advancement de la gloire de Dieu, prouffit et décoration de la République.

Nicolas Houëlle fait ensuite une remontrance au peuple de Paris pour l'engager à faire la charité et il termine par le verset de l'Eccl.

« Ne te glorifie point du jour de demain, car tu ne sais quelle chose le jour couve, partant soit diligent de prier Dieu et de faire l'aumône. »

Et du psaume 48 : « Quand l'homme mourra, il n'emportera rien et sa gloire descendra avec lui. »

REQVESTE

AV ROY ET A MESSEIGNEVRS

DE SON CONSEIL

EN FAVEVR DES PAVVRES MENDIANS

MISERIS SUCCURERE DISCO

A PARIS

MDCXVIII

Au Roy,

et a Messeigneurs de son Conseil.

Sire,

Vostre très-humble et très-obéissant serviteur, Conseiller et Thrésorier, etc.

Remonstre très-humblement à vostre Majesté, qu'en l'an 1606, la peste survint à
Paris, qu'en peu de jours elle vuida nombre
de maisons, quasi déserta la ville, s'estendit
en divers lieux, espandit jusqu'à Fontaine-
bleau, tua dans la garde-robe de très-heu-
reuse mémoire Henry le Grand vostre Père,
un vallet de Chambre, de qui la mort effroya
autant la Cour, qu'indifféremment l'on salüoit
ce grand Prince, et pour père et pour maistre,
que nous sçavions assez que sa vie estoit la
vie de nos vies, et l'âme qui donnoit estre et
mouvement à cest Estat, que la France luy
avoit obligation de son repos, Paris de sa
liberté, les Cours et les Officiers, autrement
par la guerre vagabons, de les avoir restablis
en leurs charges et dignitez et rendus à eux-

mesmes; et généralement tout le public, de
la paix, commerce et affluence, de laquelle il
joüissoit. Lors nombre de personnes escrivi-
rent des causes et remèdes de la peste; et
moy, par occasion et émulation, je feis imprimer le Phantosme et Chimère de la Mendicité et du duel : choses en apparence,
diverses et opposées, mais en effect, qui
symbolisent, concurrent, et réciproquent :
une mesme cause pouvant estre cause de
divers et contraires effects; et souvent, et
par diverse raison, cause et effect tout ensemble. Et defaict, du duel naissent les vefues
et les orphelins abandonnez à la nécessité et
misère; et de la nécessité et misère, la mendicité, l'impiété, le meurtre et toute sorte de
désespoir; le duel lors estant si commun en
France qu'il estoit familier entre les laquais
et les femmes, que c'estoit un degré pour
monter aux charges et honneurs et se signa-
ler, qu'il n'y avoit arpent de terre en France
qui ne fut baigné de sang, qui couloit parmy
nous, comme le vin dans les pressoirs; la
France estant partout comme un autre Mont-
gibel qui brusle de perpétuels feux, que le

vent de l'opinion et présomption, nos fureurs,
enragemens et forceneries Françoises allu-
moit; qui nous faisoit rougir à nous-mesmes,
causoit mille remords et repentirs, et parmy
nos voisins et estrangers nous tenoit en horreur, abomination, et rendoit ridicules, et
qui pis est, en fin coléra et irrita Dieu contre
nous, et exprima sur nos testes sa juste fu-
reur et vengeance. Car comme ainsi soit
qu'il y ait deux insignes méchancetés au
monde, l'une si l'on outrage Dieu, l'autre si
l'on violente et forfaict à soy mesme: au duel
l'on commet l'un et l'autre. De la mendicité,
j'en dépeigny comme en un tableau, la nudité,
la misère, l'horreur, les ruses, les impiétez,
les causes, qui ne sont point tant aux désola-
tions qui suivent la guerre, aux tailles, im-
positions, en la pénurie et indigence, qu'en
la licence, fainéantise et poltronnerie, la
mendicité estant passée en art et habitude;
car les hommes, qui sous le Paganisme
estoient captivez, asservis et employez aux
œuvres publiques, sous le Christianisme, le
voile du Temple fendu, ont esté faits frères
par une mesme créance et foy en Jésus-Christ

et tenus pour libres. Les expédiens qu'il y
avoit par une science inaudite et peu enten-
duë, et pratiquée, par fermentation avec
levain et présure divine, non autrement que
les arbres, qui par transplantation, culture,
anture, sont changez d'une espèce en une
autre; les faire bons, leur toucher et elleuer
le cœur, en les fraternisant, compatissant à
leurs afflictions, les occupant, remplissant
l'esprit d'espérance et de courage : bref ra-
vissant en admiration d'eux-mesmes, de leur
estre, des béatitudes d'une vie future et
éternelle. Ce qui est d'autant plus aysé que
toute nature désire le bien, déteste le mal,
s'ayme et est conservatrice d'elle-mesme :
ce que l'expérience a depuis fait veoir. Car
quelque réformation et soing que le public et
les Magistrats ayent pris d'eux, il leur a esté
impossible de leur apprendre le bien par le
mal, les contraindre et vaincre par rigueur,
tant ils sont invincibles et endurcis au mal.
Bref je maintenois qu'il n'y a que deux pestes,
l'une divine et l'autre humaine, que le duel
tousjours doubteux et malheureux, tant de
sang en vain respandu, avait courroucé Dieu

contre nous : que la peste humaine estoit
causée de la pourriture et elle suivie de la
contagion, et qu'il n'y avoit plus grande contagion que l'infection de leurs ordures,
ulcères et âmes puantes. Or enfin il a pleu à
vostre Majesté, divinement inspirée, de def-
fendre le duel par un Edict très-exprès, qui
vivra tout autant que vostre Majesté n'aura
point d'exception de personne, en renvoyera
la cognoissance à ses Cours de Parlemens,
aura en horreur les hommes de sang, l'opi-
niastre, le bravache, l'insolent ; et au con-
traire : car le pardon, après la déffence, n'est
plus une grâce ou miséricorde, mais une
cruauté, une publication du meurtre, le cau-
ser par indulgence et palliation, et s'en
rendre responsable devant Dieu : et puis le
sang de vostre généreuse Noblesse est vostre
sang, et vostre sang vous doibt estre trop
cher pour le laisser verser sans regret, et
malheureusement. Pour la mendicité, à présent que vostre Majesté entreprend une réformation générale en son Estat, qu'il se
parle de réformer la mendicité, que diverses
personnes par piété et à l'envy y veulent

contribuer des expédiens et moyens; j'offre
à vostre Majesté d'entreprendre le soing général de tous les pauvres de France; car en
particulier, l'on n'en viendra jamais à fin, et
faut avoir mesme soing et passion pour ce
qui est esloigné, que pour ce qui est proche,
autrement seroit répercuter le mal et non le
guérir. Mais pour servir d'exemple, com-
mencer à ceux de Paris, et que l'on n'en
verra plus dedans ny dehors les Églises, ès
places et ruës mendier, importuner, mena-
cer, et maudire, d'assembler tous les mendians, les diviser en estrangers et regnicoles :
aux estrangers, leur donner la passade, establir estapes et faire conduire hors le
Royaume; que si après estre congédiez ils
reviennent, ils seront captivez, signalez et
employés. Les Regnicoles, les distinguer en
infortunez, misérables, valides et invalides.
Aux Infortunez, Misérables, Démoniaques,
Séléniaques ou Lunaires, aux Furieux, Fou-
droyez, Insensez, Décrépits et Inhabiles à
tout usage, leur donner le couvert, l'habit
et le vivre, et ainsi les cacher et en faire
finir la race. Les Invalides et Estropiez, les

faire médicamenter et penser, pour les vali-
der et rendre habiles et utiles; pour les
valides, les habiller tout de neuf de pied en
cap, les rendre conversables, employer en
divers mestiers et ouvrages, tant pour leur
propre bien, que pour le service et bien du
public, et ausquels une seule manifacture
que l'on enseignera, fournira un grand em-
ploy, et conservera dans le Royaume sept à
huict cens mil escus, qui annuellement en
éclipsent, les ranger en leurs ordres, classes,
hospitaux et provinces, qui volontiers em-
brasseront cet ordre à l'exemple de Paris.
L'ordre ou classes sera d'un Nosocomium,
Pœdotrophium, Gynæceum, Gerontotro-
phium, Ergasterium ; sçavoir, pour les
malades, pour les enfans, pour les femmes,
pour les vieillards, pour les mestiers, qui en
peu de temps dégénéreront et passeront en
un Gymnasium, Collège et Séminaire de gens
dressez à toute sorte de service et dextérité,
et qu'ostant les causes de la mendicité, la
licence, fainéantise, les occupans, rengeans
en leurs lieux et centres, vous en osterez la
génération, et n'en restera que les valides,

desquels jamais il n'y aura assez si l'on s'en
veut servir aux ouvrages publics, aux Cloa-
ques, à refaire et réparer les grands chemins,
les coudes, digues et levées des rivières, les
ponts; et bref, qui mesnagez trouveront
assez de quoy s'employer et à gaigner leur
vie; s'il plaist à vostre Majesté m'en donner
le pouvoir, à eux le couvert, la subvention
des bourgeois, les troncs et aumosnes des
Esglises et autres charitez qui leur sont propres, quelques exemptions pour leurs den-
rées seullement, victuailles et ouvrages qu'ils
factureront pour leur fourniture et entretien : le pouvoir est un morceau de parche-
min, que je garderay autant qu'il plaira à
vostre Majesté, et que j'auray eslevé cette
œconomie. Pour le couvert, s'il plaist à vostre
Majesté leur prester Sainct Louys, que la
piété et libéralité du grand Henry vostre
Père, a basty et exprés nommé de vostre
nom à fin de vous en laisser la disposition et
l'usage : il ne sera ny prophané ny ne chan-
gera de Dédicace; prophané, car je les ren-
dray tous sains et conversables, et au cas que
l'on eut besoing de cette maison, je la vuide-

deray tousjours en huictaine, et ne la deman-
derois que pour autant de temps qu'il faut
pour leur bastir à Paris et l'argent à la main,
un couvert capable de les loger, qui coustera
bien quatre cents mil livres de dedicace :
car c'est bien plus d'empescher la peste que
de donner le couvert aux pestiferez. Toute
laquelle despence, de licentiement d'estrangers, habits, couvert de quatre cents mil
livres, emmeublement, nourriture de la première année; médicaments, gages d'officiers
et autres despences nécessaires, j'offre advan-
cer, et fournir à vostre Majesté (pour m'en
rembourser) un Advis, qui n'est ny sur
vostre espargne, ny sur vos fonds ordinaires,
ny à la foule et oppression du public, mais
insensible, doux et innocent, et bref sans
contrast, si ce n'est que l'on s'imaginast
pouvoir de rien faire quelque chose, les ves-
tir de vent et nourrir de rosée ; pourveu
qu'il plaise à vostre Majesté leur affecter, et
ne le divertir point à autre usage : de l'ad-
ministration duquel l'on comptera au bureau,
ou chambre establie pour l'entretien et règlement des mendians, non autrement que les

comptables ont accoustumé de faire de leur maniement et gestion. Et vostre Majesté qui a estoufé le duel, furie infernalle; qui a acquis le tiltre de Juste, méritera celuy de Pieux, de Père des pauvres assez plus auguste, triomphera d'un monstre, la mendicité, obligera le public. Elle-mesme, ostant de devant ses yeux, tant d'horreur, de desgoust et misère, voire obligera Dieu mesme, qui croit estre nourry, vestu, visité, consolé en la personne des pauvres, qui sont ses membres, et bref vostre Majesté en recevra un contentement infiny. Toute Nation vous en loüera, Dieu vous en bénira, et moy je prieray Dieu pour la santé, prospérité, et grandeur de vostre Majesté, de mesme cœur que je suis, Sire, vostre très-humble subject.

I. D.

Eleemosyna obstruit peccatum.

ORDRE A TENIR

POUR LA

VISITE

DES

PAUVRES HONTEUX

Il faut examiner s'ils sont chargez de famille, s'ils ont femme, et combien d'enfants mâles et femelles, quel âge, quelle profession, ce que l'on en peut faire, si les filles sont en hazard.

D'où vient la pauvreté, si par débauche, mauvais ménage, procès faute de conduite, ou par le malheur du temps.

Quelles debtes ils peuvent avoir, si l'on en peut composer avec le créancier.

S'ils se peuvent restablir, et comment, étant plus seur de leur donner les choses en nature, comme de l'estoffe, de la soye, du cuir, que de l'argent.

Il importe d'avoir un magasin pour les provisions et besoins nécessaires aux pauvres et des meubles et ustensiles marqués à la marque de la paroisse, afin de leur donner par prest, et qu'ils ne les puissent vendre, ni les créanciers ou les propriétaires de la maison les saisir.

Il faut estre aussi précautionné pour le paiement des loyers qui n'entrent point ordinairement dans les charitez des paroisses à moins que de cause bien privilégiée.

Comme aussi des voyages qui sont toujours suspects. Et des mariages le plus souvent non nécessaires, si ce n'est des personnes qui sont dans le péché, ou pour empêcher qu'ils n'y tombent.

Et pareillement des pensions par mois ou par année, parce qu'elles épuisent les fonds des charitez, et contribuent quelquefois à la fainéantise, sous le prétexte de l'assurance d'une subsistance ordinaire.

Il est aussi très à propos de leur réserver du charbon, des chaussures et autres petits soulagements pour l'hyver.

Surtout, il faut prendre garde s'ils fréquentent les Sacrements, s'ils sont bien instruits des principaux Mystères, et particulièrement les enfants, et encore plus lorsqu'ils sont en état de faire leur Première Communion.

S'ils couchent séparément.

S'ils ont été confirmés ; et même les pères et mères, pour leur faire concevoir l'importance de ce Sacrement et les disposer à le bien recevoir.

Il importe de savoir comment ils vivent avec leurs voisins, s'ils donnent bon exemple et vivent avec réputation dans le quartier.

S'ils sont infirmes ou malades, pour y être pourvus par les charitez des paroisses.

S'ils ont des filles en hazard, pour en prévenir le mal, leur procurer quelque condition, apprentissage ou retraite.

Il faut prendre garde aux surprises et artifices des pauvres qui veulent passer pour vrais pauvres honteux, n'étant de la qualité ou lorsqu'ils en abusent, ce qui mérite grand examen parce qu'ils ont les aumônes de ceux qui sont véritables pauvres.

Les principales marques et qui les doivent exclure et faire rayer du rolle sont les suivantes :

1° Lorsqu'ils se rendent mandiants de mandicité publique ou de secrète qui éclate : car le pauvre honteux est celui qui vit chrétiennement, qui ne peut gagner sa vie, et qui a la honte sur le front pour ne l'oser demander.

Et en ceci il faut seulement prendre garde au spirituel de la famille et au péril des enfants, particulièrement des filles.

2° Ceux qui gagnent leur vie ou qui la peuvent gagner, ou qui ont quelque petit bien qu'ils ne sçavent pas mesnager, parce qu'autrement c'est fainéantise, dissipation ou desbauche qui mérite réprimande plutôt qu'assistance.

3° Ceux qui sont soulagez par ailleurs et reçoivent assistance suffisante, comme du Grand Bureau, Fabrique des Paroisses, Corps des Mestiers, Confréries et autres Compagnies de piété.

4° Ceux qui ne sont domiciliés dans le temps porté par les règlements, parce qu'autrement l'on affecterait de s'establir en la paroisse pour participer aux aumosnes, sauf s'il y avait péril pour la religion, l'honnêteté ou scandale public, il en sera pris connaissance de cause.

5° Les Religionnaires, s'il n'y a disposition à leur conversion ou quelque ouverture pour l'espérer.

6° Les Catholiques qui tirent charité des Religionnaires ou qui mettent leurs enfants apprentis chez les Religionnaires.

7° Les libertins, blasphémateurs, ivrognes

et desbauchez, sauf quand ils ont leurs femmes et enfants dans la misère ou le péril, à leur pourvoir secretement ou par autre voye.

8° Ceux qui ont mal usé de l'aumône que l'on leur a donnée.

9° Qui négligent de se faire instruire, qui n'envoient point leurs enfants à l'escole et au catéchisme de la paroisse.

10° Qui déguisent leurs noms, qui les changent, qui en prennent plusieurs, qui supposent leurs conditions, qui n'exposent pas la vérité dans les billets, ou lors des premières visites que l'on fait chez eux.

11° Qui ne veulent point sortir de leur logis quand il y a des gens de vie scandaleuse.

12° Qui souffrent quelque scandale public en leur famille, particulièrement quand il y a des filles.

13° Qui ne se veulent point reconcilier avec le prochain.

14° Qui ne veulent point suivre les avis de ceux qui sont préposés pour les conseiller.

15° Qui font mauvais mesnage en leur famille, ou qui maltraitent leurs femmes après en avoir été repris, sauf à donner quelque chose à la femme en particulier si elle en est digne.

Et généralement ceux qui ne sont pas jugés dignes par la Compagnie pour autre cause survenante et motive d'exclusion.

Toutes lesquelles causes d'exclusion peuvent cesser néanmoins en se remettant par les pauvres en leur devoir, et satisfaisant à ce que l'on désire d'eux, ce qui dépend de connaissance de cause et d'examen de l'Assemblée de la Paroisse.

Ordinavit in me charitatem.

RÈGLEMENTS

DE LA

COMPAGNIE

INSTITUÉE

POUR LE

RESTABLISSEMENT

DES PAUVRES FAMILLES

HONTEUSES

DE LA

PAROISSE SAINT-EUSTACHE

A PARIS
PAR RENÉ BAUDRY
TENANT SON IMPRIMERIE RUE TIQUETONNE
Par privilège du Roy
MDCLIV

AU LECTEUR CHRESTIEN

ON CHER LECTEUR, si tu as de l'amour
pour Dieu et de la compassion pour
les pauvres, qui sont ses membres;
tu te réjouiras sans doute d'apprendre le
progrès qui se fait en la paroisse de Saint-
Eustache par une Compagnie formée depuis
six mois afin de procurer tout le bien et
empêcher tout le mal possible; et surtout
afin de restablir plusieurs honnestes familles
autant affligées par la honte de leur pauvreté
que par leur pauvreté même. Cette saincte
Société est composée d'ecclésiastiques et
séculiers de toute sorte de conditions qui
contribuent d'un commun accord et par une
sainte jalousie à l'exécution de ce pieux
dessein; chacun veillant au quartier de la
Paroisse qu'il a reçu en partage, cultivant
ce champ précieux avec assiduité, et travail-
lant à le nettoyer de la zizanie des divisions,
de l'ordure du péché, et à le rendre fertile
en bonnes œuvres. Ils entrent même dans les
maisons sans être appelés, et prévenant les

pauvres par leur charité, les exemptent de
confusion et de nécessité tout ensemble. Ils
n'ont point d'yeux pour ces serviteurs inutiles qui croupissent dans l'oisiveté, et qui
comme les frélons veulent vivre aux dépens
des abeilles : mais quand ils rencontrent un
sujet rempli de bonne volonté, à qui il ne
manque pour travailler que de la matière
et des facultés, c'est alors qu'ils lui ouvrent
leur sein, qu'ils lui donnent moyen de se
restablir en l'exercice de son mestier et de
subsister avec sa famille. Leur charité passe
au-delà du secours temporel; ils instruisent
ces bonnes gens dans les mystères de notre
foi, et les excitent à bien vivre; de sorte que
si étant délivrés de leur pauvreté, ils cessent
d'être en cela les membres de Jésus-Christ
souffrant, ils commencent de l'être de Jésus-
Christ sanctifiant par les biens de justice
et de sainteté dont on tâche de les enri-
chir.

Leur zèle s'étend aussi à procurer une
retraite aux filles desbauchées, qui songent
sérieusement à changer de vie; ils les
reçoivent dans une maison particulière

qu'ils louent pour ce sujet, où il y a six lits
appelés des lits de charité, parce qu'ils sont
destinés pour celles de la paroisse, lesquelles
ils nourrissent charitablement. Ils traiteraient
de la même sorte celles des autres paroisses
qu'ils reçoivent aussi et n'exigeraient aucune
pension des unes non plus que des autres,
si leur fond était assez grand, qui n'est
appuyé jusqu'à cette heure que sur la Providence divine et sur les aumônes manuelles.
Là elles sont confiées à la conduite de
quelques dames de piété en qui Dieu par une
providence admirable formait le désir de cet
emploi si utile, en même temps qu'il en in-
spirait à la Compagnie la pensée et le mouvement. Ces dames s'estudient de leur imprimer
une vive douleur de leurs désordres passés,
et de leur faire connaître l'obligation qu'elles
ont de se nettoyer par les larmes de la péni-
tance, de toute la saleté qu'elles ont prise
dans la boue des plaisirs terrestres et parce
que le motif de cette Compagnie est purement surnaturel et sans mélange d'aucune
police humaine; ils n'usent que de persuasion envers ces filles, et ne les retiennent

en cette sainte maison qu'autant qu'elles le veulent, n'estimant pas qu'une conversion puisse être de durée si elle n'est entièrement libre.

Toutes ces choses se font dans une vue très pure, dans une soumission très grande et dans une union parfaite. La gloire de Dieu est la seule fin qu'ils se proposent. Ces fidèles brebis ne marchent que sous la houlette de leur pasteur et ne se conduisent que par sa voix. Ils font profession particulière de suivre ses ordres, et de pratiquer exactement les règles que tu verras dans ce livre. La charité qui les unit n'a garde de rien tenir de ces liaisons humaines qui ne corrompent que trop souvent les assemblées de piété. En un mot dans la pratique des règles de cette Compagnie il se rencontre tant d'occasions de bien faire et tant de bons exemples qui impriment le respect de la vertu et le mépris du vice, que je me suis aisément persuadé, mon cher lecteur, que ce bien ne devait pas être enfermé dans les seules bornes de cette paroisse, et que la gloire de Dieu demandait qu'il fût répandu par toute la ville, afin d'exciter en chacun une sainte jalousie de pratiquer des actions semblables et même de les surpasser.

C'est la seule gloire dont les chrétiens doivent se piquer; c'est la seule émulation qui doit être entre eux, étant certain que toutes leurs obligations sont renfermées dans celle d'aimer Dieu et le prochain de toute l'étendue de leur âme. Car puisque notre vie, notre esprit et nos biens viennent de lui et que nous le devons à sa libéralité; il est juste que ce soit à lui qu'ils retournent et qu'ils ne soient employés que pour son service et selon ses ordres. De sorte qu'à parler dans la rigueur, nous n'en sommes que les dispensateurs et les économes. Non pas qu'il faille pour satisfaire à ce devoir donner à notre prochain tout notre temps, tout notre esprit, et toute notre industrie et suivre le détachement héroïque de cette pauvre veuve de l'évangile, laquelle offrant à Dieu ses deux deniers qu'elle avait pour tout bien, ne réserva rien pour soi, et s'abandonna ainsi à la Providence du Père Céleste. Mais au moins nous ne pouvons pas refuser le peu qu'il demande, qui est que nous réglions nos aumônes par notre pouvoir; et qu'usant de tous nos biens ainsi que de bons pères de famille, nous prenions ce qui est nécessaire pour notre besoin, et secourions les autres de ce qui nous reste; soulageant les pauvres par nos richesses, éclairant les ignorants par nos lumières, attirant les meschants au bien par nos exhortations et nos bons exemples.

C'est à quoi je te conjure, mon cher lecteur, et si tu es de la paroisse de Saint-Eustache, embrasse l'occasion que Dieu te présente, fais tes efforts d'entrer en cette honorable Société, et de coopérer à la sainteté de leur travail; si néanmoins tes occupations ou autre empêchement ne le permettaient pas, du moins participe à leurs emplois et à leurs mérites, en leur donnant de tes biens et les assistant de tes prières. Que si tu es de quelque autre paroisse, pratique ces pieuses maximes en particulier et dans les occasions; en attendant que Dieu inspire Messieurs les autres Curés de Paris et leurs Paroissiens, de faire un establissement pareil

à celuy-ci, et tu auras tout sujet d'espérer
que ce petit exercice sera suivi d'une consolation très grande à l'article de la mort, et
de tous les biens solides que Dieu a promis à
ceux qui le servent.

INSTRUCTION DE TOBIE A SON FILS

TOBIE, CHAPITRE 4.

Fais l'aumône de tes biens et ne détourne ta face d'aucun pauvre, car ainsi il arrivera que Dieu ne détournera point sa face de toi.

Sois miséricordieux autant que tu le pourras.

Si tu possèdes beaucoup de biens donne abondamment : et si tu en as peu, ne laisse pas de faire tes efforts de donner quelque peu de chose.

Car tu amasses une récompense très grande pour le temps de la nécessité.

Car l'aumône délivre de tout péché et de la mort, et ne permettra que l'âme aille dans les Enfers.

L'aumône donnera une grande confiance devant Dieu à ceux qui la feront.

Ceux qui désireront contribuer de leurs aumônes aux fins de la Compagnie les mettront entre les mains de Monsieur le Curé de Saint-Eustache.

POUR FORMER LE PLAN D'UNE ASSEMBLÉE
DE CHARITÉ DES PAROISSES
L'ON SUPPOSE

Premièrement, que chacun des paroissiens
doit être persuadé de ces vérités, qu'il est
obligé de vivre chrétiennement dans son
état, et de rechercher les moyens plus convenables pour y parvenir.

En deuxième lieu, que l'un des moyens
plus convenables est de s'acquitter dignement du devoir de paroissien, et d'en bien
concevoir les obligations, qui consistent
principalement au respect envers les Pasteurs et Ministres de Dieu, aux devoirs dans
l'Église et emplois dans la paroisse.

Le respect consiste en l'estime, déférence,
soumission et confiance que l'on doit avoir
pour son Pasteur comme chef d'un corps
dont l'on se reconnaît membre indigne et
avec lequel on est uni en l'esprit de Dieu
dans l'ordre de l'Église.

Les devoirs aux soins et assistances que
l'on doit rendre en l'Église et à la Messe pa-
roissiale, prône, procession et autres fonc-

tions publiques et ce autant que l'état et la
condition le peuvent permettre.

Les emplois en toutes les œuvres de charité de la paroisse, pour empêcher le mal et
procurer le bien, et faire que Dieu soit honoré et le prochain soit soulagé.

En troisième lieu, que, pour satisfaire à
ces obligations avec plus de bénédiction,
l'on doit s'unir en quelque petit lieu d'assemblée sous la conduite et bénédiction du
pasteur, qui a grâce de Dieu toute particulière pour la répandre à ceux qui lui sont
soumis dans l'ordre de l'Église.

Et comme ces assemblées ne peuvent pas
être composées du corps de tous les Paroissiens, qui feraient confusion par la multipli-
cité des sujets, et que d'ailleurs tous ne sont
pas appelés à cette voie, qui suppose déjà
quelque attrait au service de Dieu et désir
de se perfectionner dans ses voies.

L'on a accoutumé de faire un triage de
quinze ou vingt personnes de différentes conditions pour en former le corps, les uns magistrats et personnes d'autorité pour donner
leurs avis, conseils, assistances et protection

aux besoins de la charité, les autres comme
bons bourgeois et officiers subalternes pour
exécuter les ordres de la Compagnie et agir
et travailler aux choses qui sont de leur
portée, et tous ensemble qui ayant zèle et
charité, qui vivent chrétiennement dans leur
famille, donnent bon exemple, et s'exercent
dans les pratiques de la vertu.

Ces fondements établis, il est fort aisé de
former le corps, en son chef et en ses membres, en sa police et en ses emplois.

Monsieur le Curé en est le Chef, né et
establi de Dieu dans l'ordre de l'Église.

L'on choisit ordinairement deux de la
Compagnie pendant six mois pour être conseillers de l'assemblée, afin de tenir la paroisse en l'absence ou empêchement du Pasteur, et veiller concurremment avec lui à la
conduite de la Compagnie.

Et un autre pendant le même temps
pour être secrétaire de la Compagnie, tenir
le registre des délibérations, garder le coffret ou bourse commune de ses charitez, et
dépenser suivant ses ordres.

Les assemblées se tiennent de quinze en

quinze jours chez Monsieur le Curé le Dimanche après Vespres, pour y délibérer des besoins de la Paroisse, soit sur propositions verbales ou billets de charité qui sont à faire, sur lesquels les uns et les autres seront commis pour en faire leur rapport à la quinzaine ou à quelque séance extraordinaire si la chose est pressée.

Les emplois de la Compagnie sont les besoins généraux et particuliers de la Paroisse spirituels et temporels, les abus de pareille nature et les remèdes.

La fin, d'y donner ordre selon son pouvoir, empêcher tout le mal possible et procurer tout le bien possible.

L'empêchement du mal consiste principalement :

A procurer qu'il n'y ait point dans l'étendue de la Paroisse, d'impiétés, blasphèmes, scandales publics, de mauvais lieux, de berlans, de tabacs, d'académies, et autres semblables, et ce par les voies ordinaires, charitables, évangéliques, excitatives, soit envers les personnes interressées ou supérieurs ou magistrats.

Empêcher la perte des filles, les retirer du mal, les entreprises des Religionnaires, la sollicitation des Catholiques, et tout ce qui regarde dans l'étendue de la Paroisse la religion et la pureté soit à l'égard des ecclésiastiques ou laïques.

Le bien à procurer consiste à soulager les pausvres honteux, mandiants, malades, prisonniers, instruire la jeunesse par petites escholles, cathéchismes et aultres conduites, pourvoir des enfants, filles en hasard, restablir des familles, donner des avis charitables, travailler aux réconciliations, faire honorer le Saint-Sacrement, et généralement que par toute la Paroisse l'on vive chrétiennement et avec édification.

Pour découvrir plus facilement ces besoins et y donner ordre, l'on partage la Paroisse en divers cantons dont chacun prend les soins pour y veiller, en faire la visite de mois en mois par soi-même ou par autrui, pour être informé de tous les désordres et besoins particuliers et y apporter les remèdes.

Tous ces emplois et plusieurs autres qui

en sont accessoires, ne se peuvent faire avec facilité et bénédiction, que par l'union et le concours de plusieurs personnes qui ayant diverses vues et différents moyens d'agir, portant un œuvre depuis son principe jusqu'à sa consommation, dont toute la gloire est donnée à Dieu, parce que ce n'est l'œuvre d'aucun en particulier, mais de tous en général, et que ce n'est point l'œuvre de tous, mais de Dieu qui s'est servi d'eux pour le faire.

De sorte que c'est un excellent moyen de pratiquer les actes de devoir et de vertu chrestienne en l'esprit de détachement, de soubmission et de charité qui forme la perfection d'une action chrétienne.

Le surplus qui pourrait manquer à l'intelligence de ce présent mémoire peut être suppléé par l'expérience et se comprendre aisément et avec consolation et bénédiction en deux ou trois séances.

Et même il semblerait expédient d'en faire quinze ou vingt articles de petits réglemens seulement pour marquer la conduite et la police de la Compagnie, sa fin et ses emplois.

RÈGLEMENS

DES

ASSEMBLÉES DE CHARITÉ

POUR SERVIR

D'INSTRUCTION A LA COMPAGNIE

ESTABLIE EN LA PAROISSE DE SAINT-EUSTACHE

A PARIS

DE LA FIN DE LA COMPAGNIE

ET

DE SA POLICE

L principale fin de la Compagnie, sera de se lier et de s'unir en l'esprit de charité avec son Pasteur, pour honorer dans sa personne l'ordre de Dieu en son Église et le Sacerdoce de Jesus-Christ; et travailler sous sa bénédiction au soulagement du prochain dans toute l'étendue de la Paroisse.

La Compagnie sera composée de personnes de toutes conditions, ecclésiastiques et laïques demeurant dans la Paroisse, et que l'on jugera propres à cet emploi.

Monsieur le Curé présidera à la Compagnie, recueillera les voix et prononcera à la pluralité.

Il y aura deux ou trois conseillers selon les besoins ou l'estendue de la Paroisse, eslus de six mois en six mois par billets à la pluralité des voix, pour soulager Monsieur le Curé dans la conduite et direction de la Compagnie, et qui en son absence chacun selon son ordre de réception à la Compagnie feront les mêmes fonctions.

Il y aura pareillement un secrétaire élu

de six mois en six mois, pour tenir le registre des délibérations de la Compagnie, et
distribuer ses charitez qui seront mises à
cette fin en un coffret ou bourse commune.

L'assemblée se tiendra de quinze en quinze
jours chez Monsieur le Curé, le Dimanche à
l'issue des Vespres, pour y être traité de
tous les besoins de la Paroisse, soit par propositions verbales ou billets, sur lesquels l'on
commettra quelques uns de la Compagnie
autres que ceux qui ont fait la proposition
ou donné le billet, pour s'informer de la
vérité du fait et du besoin et en être délibéré
sur leur rapport à la prochaine séance.

Les charitez qui consistent en soulagement et assistance temporelle se propose-
ront par billets, les autres et toutes affaires
publiques et importantes se feront par propositions verbales, et s'il y en a quelques
unes qui regardent les mœurs, elles se
communiqueront auparavant à Monsieur le
Curé et à Messieurs les Officiers.

L'assemblée commencera par les prières
Veni Creator et à la fin *Laudate Dominum
omnes gentes*, avec un petit entretien spiri-

tuel de Monsieur le Curé pour la consolation
des âmes, sur le sujet des emplois de la
Compagnie, mystères de l'Église, ou pratiques des vertus chrétiennes si sa commodité
le peut permettre.

L'on prendra garde que ceux qui seront
admis en la Compagnie soient personnes de
bonne conduite, craignant Dieu, bien vivant
dans leur famille et qui s'appliquent aux
œuvres de la charité.

DES EMPLOIS DE LA COMPAGNIE

Les emplois de la Compagnie seront de
s'appliquer chacun selon son pouvoir et l'état
de sa condition à procurer tout le bien
possible et empêcher tout le mal possible
dans l'étendue de la Paroisse.

A cet effet ils partageront la Paroisse en
divers quartiers et cantons, se chargeront
les uns et les autres de chacun d'yceux
pour en faire la visite de mois en mois, y remarquer ce qui sera pour ou contre la gloire
de Dieu et qui regarde le bien du prochain
et en faire le rapport à la Compagnie, pour
y apporter les remèdes et soulagements convenables.

Ils travailleront à empêcher les mauvais
lieux, tabacs, académies, brelants, scandales
publics, blasphèmes, impiété, et tous autres
désordres qui pourraient venir à leur connaissance, par lesquels Dieu est déshonoré
et le prochain mal édifié.

Que les cabarets et jeux de boules soient
fermés pendant le service, et qu'il ne se

vende de la viande en carême qu'aux personnes qui en ont besoin.

Ils procureront que les petits enfants de l'un et l'autre sexe, soient instruits en leur créance et en tous exercices convenables en leur estat.

Que les orphelins soient reçus en quelque lieu de retraite et leur serviront de pères pour pourvoir à leurs besoins.

Et pour le regard des enfants trouvés, qu'ils soient accueillis par ceux à qui de droit le soin en doit appartenir.

Comme aussi que les mandiants domiciliés de la Paroisse soient instruits, catéchisés, confessés et communiés aux principales fêtes de l'année, particulièrement au Jour de Pâques et soulagés dans leur misère.

Et se souviendront toujours en les voyant que ce sont leurs frères et les membres de Jésus-Christ, qui ne doivent jamais être délaissés parmi les fidèles, l'état du christianisme ne souffrant point de mendicité quoique sa bénédiction soit dans la pauvreté.

Ils visiteront les pauvres honteux de la

Paroisse, et tiendront rôle par quartiers et cantons, et pourvoiront à leurs besoins spirituels et temporels.

Prendront garde à l'état et conduite de leur famille, particulièrement des filles qui pourraient être en péril.

Auront soin des malades, leur procureront des remèdes et soulagements convenables, tant pour le corps que pour le salut de l'âme.

Accompagneront le Saint-Sacrement, lorsqu'il leur sera porté en viatique et aux pauvres honteux invalides les bonnes fêtes, autant que leur commodité le pourra permettre, et donneront ordre qu'il y ait signal pour l'accompagner et qu'il soit reçu avec la décence et révérence convenable.

Procureront qu'il y ait dans l'estendue de la Paroisse quelques chambres de charité pour retirer les pauvres malades destitués de tout secours, et une charité des dames pour en avoir soin. Particulièrement des pauvres prêtres malades, habitués, ou résidents dans la Paroisse, orphelins, et filles qui n'auraient point de retraite, le tout en lieux séparés, et par conduite convenable à l'état des personnes et du sexe.

Comme aussi qu'il y ait des médecins chirurgiens et apoticaires charitables pour en avoir soin, du moins moyennant quelque honnête récompense.

Pareillement des avocats et procureurs pour le conseil charitable des pauvres.

Et des maîtres et maîtresses d'école pour les enfants de la Paroisse, de l'un et de l'autre sexe.

Ils visiteront les hospitaux qui se trouveront dans l'étendue de la Paroisse et auront soin des malades soit pour les servir et disposer à des confessions générales, soit pour leur procurer quelque soulagement temporel.

Ils s'appliqueront particulièrement aux agonisants, religionnaires, étrangers, et filles qui ont été dans le mal, comme ayant plus besoin d'assistance.

Ils auront soin de leurs pauvres paroissiens malades, qui auront été accueillis à l'Hôtel-Dieu, ou aux autres hôpitaux qui sont hors l'étendue de la Paroisse, pour les visiter et consoler pendant leur maladie, et cependant auront soin de leurs familles.

Ils auront pareil soin des prisons qui seront dans l'estendue de la Paroisse, pour y remarquer les besoins spirituels et temporels, et soulager les prisonniers selon leur possible, particulièrement les ecclésiastiques, étrangers, pauvres veuves et artisans du travail desquels dépend toute la subsistance de la famille, mais par préférence ceux qui sont de la Paroisse et dans l'impuissance de leur délivrance.

Et surtout prendront garde que les hommes et les femmes n'y aient point une trop grande communication, et qu'il ne se passe rien entre eux contre l'honneur de Dieu et l'honnesteté.

Comme aussi s'il y a des pauvres paroissiens prisonniers en d'autres prisons hors l'estendue de la Paroisse, ils en auront pareil soin et leur procureront tous les soulagements possibles spirituels et temporels et à leur famille pendant leur détention.

Ils étendront pareillement leurs assistances charitables sur les pauvres paroissiens qui se trouveraient captifs en Barbarie ou ailleurs pour procurer ou aider à leur délivrance par tous les moyens possibles.

Ils prendront garde aux filles convalescentes qui sortent des hôpitaux situés dans leur Paroisse, pour pourvoir à leur retraite et aux filles desbauchées qui sont dans les prisons pour les réduire en une meilleure vie.

Ils auront un soin particulier de faire célébrer quelques messes pour le salut des âmes de leurs pauvres paroissiens décédés dans les hospitaux, prisons, ou en leur maison, et tous les ans une grande messe à leur intention à laquelle ils se souviendront d'assister et d'y offrir leurs prières.

Pour satisfaire plus commodément aux besoins ci-dessus, il y aura deux de la Compagnie députés de quinzaine en quinzaine pour visiter les prisons qui sont dans l'estendue de la Paroisse et faire rapport des besoins généraux et particuliers afin d'y être pourvu.

Deux autres seront députés pour l'hôpital à même fin, et pour la visite de la chambre

de la charité selon qu'on trouvera qu'elle
en aura besoin.

Deux autres auront soin des pauvres honteux qui sont plus en nécessité, sur leur
roolle qui leur sera mis en main pour faire
rapport de leurs besoins.

Et deux autres seront commis pour s'appliquer particulièrement à remarquer les
abus, scandales, irrévérences et autres désordres généraux et particuliers dont ils
pourraient avoir connaissance dans l'estendue de la Paroisse, afin d'y être pourvu sur
leur rapport de remèdes convenables: et
pendant la quinzaine iront une fois dans
l'Eglise parrochiale adorer le Saint-Sacrement au nom de l'Assemblée.

Si pendant la quinzaine il y avait quelque
besoin pressant comme de nécessité extrême
ou chose qui regarde la religion, la pureté
ou quelque scandale public, il y sera pourvu
par Monsieur le Curé et par Messieurs les
Officiers, ou par l'Assemblée extraordinaire
convoquée par Monsieur le Curé.

DES EXERCICES ET DEVOIRS

Ceux de la Compagnie travailleront particulièrement à vivre en bons paroissiens, s'appliquer dignement des devoirs de la Paroisse et donner dans leur famille et au dehors bon exemple de leur conduite.

Ils se rendront assidus à la Paroisse les jours de Dimanche et Fêtes principales pour assister à la grande messe, prône, sermon, vespres, et à l'office de la journée, et quelquefois à matines aux grandes fêtes pour le bon exemple et leur propre sanctification.

Ils travailleront autant qu'il leur sera possible à sanctifier les fêtes, en s'abstenant pendant ycelles des voyages, divertissements, compagnies et emplois non nécessaires, et s'appliquant totalement eux et leurs familles aux devoirs de la Paroisse, saintes lectures et conversations et aux œuvres de charité.

Et s'appliqueront aussi particulièrement à ce qu'elles soient aussi sanctifiées par les autres dans l'estendue de la Paroisse, par toutes les voies que le zèle et la prudence leur pourront suggérer et que la Compagnie trouvera plus convenables.

Ils feront beaucoup d'estime de tous les emplois de la Paroisse quand ils en seront priés comme de porter le dais du Saint-Sacrement, assister aux processions, comptes de fabrique, être appelés aux charges de mar-guillier et autres semblables, les recevront avec respect, et s'en acquitteront en esprit de soumission et de charité.

Procureront partout que le Saint-Sacrement soit honoré avec toute la décence et révérence convenable, soit quand il est exposé en procession, ou donné pour viatique, et s'appliqueront de tout leur pouvoir à lui rendre un particulier honneur, culte et révérence.

Ils auront soin particulier d'empêcher les scandales, irrévérences et indécences qui se commettent dans les Eglises, soit contre l'honneur du Saint-Sacrement, ou contre le respect qui est dû à l'Eglise, à ses Ministres et aux saints Mystères, en donnant ou faisant donner avec prudence des avis charitables

aux personnes qui ne sont pas dans la décence convenable, ou faisant plainte à Monsieur le Curé et Messieurs les marguilliers, ou
par toute autre voie que le zèle et la prudence de la Compagnie pourront suggérer.

Travailleront de paraître et d'être autres
que ceux du commun dans la conduite de
leurs familles, pratique des vertus, et devoirs dans la Paroisse, afin de donner bon
exemple, et que Notre-Seigneur en soit plus
glorifié.

Que s'il y avait quelqu'un qui ne fût pas
dans l'ordre et dont la conduite pût donner
scandale ou mauvaise édification, il en sera
charitablement adverti par Monsieur le Curé
et en cas qu'il ne fît bon usage de cet avis et
continuât de donner le mauvais exemple, il
sera prié de s'abstenir de la Compagnie; le
tout néanmoins avec une grande circonspection et prudence et après l'examen des
Officiers et l'advis de la Compagnie.

Ils éviteront autant qu'il le sera possible
et que la bienséance le pourra permettre, les
comédies, bals et autres assemblées de diver-
tissement où il y a probable occasion d'offen-

ser Dieu et de mal édifier le prochain.

Ils travailleront à empêcher les querelles, prévenir les procès, ménager les réconciliations, et en tout et partout que Dieu soit honoré et le prochain soulagé et édifié.

Si quelqu'un de la Compagnie venait à être malade, ou en quelque affliction importante, il sera visité et consolé au nom de la Compagnie; et lors de son deceds, Monsieur le Curé en donnera advis à la Compagnie afin que Messieurs les ecclésiastiques célèbrent la sainte Messe, et les laïques communient à son intention : ce qui sera pareillement observé aux deceds des femmes de ceux qui seront admis dans la Compagnie.

Comme aussi des personnes de piété qui assisteront les pauvres par les aumônes considérables qu'ils enverront annuellement au coffret, encore qu'ils ne se trouvent aux assemblées et ne s'emploient à la visite des pauvres.

Ceux de la Compagnie procureront dans leur Paroisse, à la campagne, et partout ailleurs où il y aura ouverture et autant que l'estat des lieux, des personnes et des employs le pourront permettre, l'establissement de pareilles assemblées et travailleront d'y respandre le même esprit, et insinuer les mêmes applications pour les devoirs et emplois de la Paroisse.

Et même en quelques unes des paroisses de Paris ou autres des villes qui ne sont d'aussi grande estendue, l'on se pourra contenter de prendre des présents règlements ce qui sera trouvé plus convenable à l'estat des lieux et disposition des personnes pour concourir à la même fin, qui est de vivre chrestiennement et exemplairement dans sa famille, s'acquitter dignement des emplois de sa Paroisse, et y empêcher tout le mal et y procurer tout le bien possible. Les présents articles n'ayant été ainsi réduits que pour donner une vue générale de tout le mal qui est à empêcher dans la Paroisse et du bien à procurer.

Et afin qu'il y ait plus de suavité en l'accomplissement des dits règlements, et que la charité seule en soit le motif, un chacun de la Compagnie n'est obligé de les pratiquer ou les exécuter sous peine de péché, mais chacun est exhorté de les observer avec le plus d'exactitude et de fidélité qu'il pourra, comme un moyen excellent et principal pour opérer son salut.

Tous les trois mois sera fait lecture à l'Assemblée des présents règlements, pour examiner s'il y a de la déchéance dans la conduite de la Compagnie, et y apporter le remède, où chacun est exhorté de dire son advis en simplicité et charité.

Les Officiers s'assembleront aussi dans le même temps avec Monsieur le Curé, pour adviser des choses plus importantes à la conduite de la Compagnie pour lesquelles il faut garder le secret ou être digérées auparavant d'être proposées à la Compagnie, comme ce qui regarde les mœurs, affaires, ou secrets des familles, et autres semblables, afin de faire le tout avec prudence, circonspection et charité.

Beatus qui intelligit super egenum et pauperem; in die mala liberabit eum Dominus. — Psalm. 40.

RÈGLEMENS

DE LA

COMPAGNIE DE LA CHARITÉ

DE

SAINT-ANDRÉ-DES-ARCS

A PARIS

MDCLXII

RÈGLEMENTS DE LA COMPAGNIE

DE LA FIN DE LA COMPAGNIE ET DE SA POLICE

La principale fin de la Compagnie sera de se lier et de s'unir en l'esprit de charité avec son Pasteur pour honorer Jésus-Christ en ses membres, qui sont les pauvres, et travailler sous sa bénédiction au soulagement du prochain, dans toute l'estendue de la Paroisse.

La Compagnie sera composée des Dames de la Paroisse de toute sorte de conditions, et qui auront assez de charité pour assister les pauvres dans leurs besoins.

L'élection des dames, qui seront en office, sera faite à certains jours, et on limitera le temps durant lequel elles seront en charge, et pourront être continuées selon qu'il sera jugé à propos par la Compagnie, et la trésorière rendra ses comptes tous les six mois.

Les assemblées se tiendront chez monsieur le Curé, s'il le juge à propos tous les derniers Dimanches des mois après Vespres, ou autre jour de la semaine, s'il y a quelque affaire ou empêchement le Dimanche : et pour lors on en advertira.

Monsieur le Curé présidera l'Assemblée, et recueillera les voix pour prononcer à la pluralité, ou quelqu'un de messieurs ses Ecclésiastiques en son absence nommé par lui à cet effet.

Lorsqu'il se rencontrera des affaires extraordinaires et pressantes, pour lesquelles on ne pourra pas attendre les jours d'Assemblée, il y sera pourvu par monsieur le Curé et les Dames officières, lesquelles en feront rapport à la prochaine Assemblée.

Auparavant l'ouverture de l'Assemblée se fera lecture de quelque livre de piété, pour l'édification de la Compagnie et sa récollection devant Dieu, au cas qu'il y ait du temps suffisamment.

L'Assemblée commencera par la prière du *Veni, Creator*, et finira par le psaume *Laudate Dominum, omnes gentes*.

On prendra séance sans distinction de rang et de condition, et celles qui arriveront les premières prendront les premières places

en simplicité pour éviter la perte de temps
et les cérémonies inutiles.

Le secrétaire fera l'ouverture de l'Assemblée par la lecture de ce qui aura été arrêté
en la précédente, et après on escrira les résolutions pour la suivante.

Sera observé grand silence et modestie
extérieure pendant la séance, et chacune se
tiendra recueillie en la présence de Dieu pour
attirer bénédiction sur les affaires qui se traiteront en Assemblée, en laquelle on ne parlera que de celles des pauvres.

Chacune étant appelée sur le registre rendra compte de sa commission aux ordres de
l'Assemblée, et celles qui ne pourront pas
venir à l'Assemblée feront leur rapport par
billet ou par autrui.

On évitera les interruptions, demeurant à
la prudence de monsieur le Curé, ou de celui
qui conduit la Compagnie en son absence de
les faire selon le besoin.

Les rapports se feront succinctement et
simplement sans attache, chaleur ni exagération, laissant le tout à la pluralité des
voix, par laquelle la volonté de Dieu est

connue, et à sa Providence de pourvoir aux besoins des pauvres par d'autres voies.

On évitera dans les rapports les circonstances qui pourraient porter scandale au prochain, dont en ce cas le nom se mettra au dos d'un billet et se donnera à Monsieur le Curé.

Les délibérations seront tenues secrètes, pour éviter l'importunité des pauvres et afin que l'avis de chacune des Dames ne soit point révélée hors la Compagnie, ce qui donne autrement sujet aux pauvres de murmurer contre elles.

Le temps plus ordinaire du domicile est de six mois pour pouvoir être admis aux charitez de la Paroisse, ce qui n'a point lieu lorsqu'il s'agit de la religion, de l'honnesteté, ou du scandale public, ni à l'égard de ceux qui sont nés dans ladite Paroisse lorsqu'ils y sont de retour, parce qu'elle est toujours leur Mère.

Si quelqu'une des Dames de la Paroisse demande d'être admise dans la Compagnie, elle s'adressera à Monsieur le Curé ou à celui qui la conduit en son absence, pour en conférer avec les Dames officières, et pour cela il y aura un registre pour escrire leur nom, si mieux elles n'aiment y venir volontairement sans estre escriptes.

Tout billet contiendra le nom et surnom et demeure de chaque pauvre, ceux de leur femme et le nombre de leurs enfants : et au cas que le tout ne soit exprimé, la Dame qui sera députée pour les visiter prendra la peine de s'en informer et de le marquer sur son billet pour ensuite le rapporter au secrétaire.

L'on fera toujours les visites en personne, s'il est possible, et les billets de sa propre main pour éviter les surprises.

Tous les ans, au commencement de l'année, on fera une visite générale et plus exacte qu'à l'ordinaire de tous les pauvres que l'on assiste, et auparavant on fera une Assemblée aussi plus générale où toutes les dames seront conviées d'assister.

Les aumônes seront volontaires et on mettra un petit coffre en forme de tronc sur la table afin que l'on ne puisse voir ce que chacune des dames aura dévotion de donner, si mieux elles n'aiment se taxer de payer tous les ans ; et celles qui n'auront pas le moyen pourront aider de leur advis et de leur peine.

EMPLOIS DE LA COMPAGNIE

A cet effet on partagera la Paroisse en divers quartiers, et les dames se chargeront d'iceux pour en faire la visite de mois en mois y ayant deux des dites dames dont l'une sera changée tous les mois; et elles remarqueront toutes les nécessités corporelles et spirituelles des pauvres, et en feront le rapport à la Compagnie pour y donner ordre.

Elles procureront que les pauvres de l'un et de l'autre sexe, dont elles prennent soin, soient instruits de leur croyance, et elles auront soin d'envoyer les enfants des dits pauvres aux escoles entretenues par la dite Compagnie, et deux des dames seront préposées pour la visite des dits enfants et en feront leur rapport à l'Assemblée.

Elles serviront de mère aux orphelins pour faire en sorte qu'ils soient reçus en quelque lieu de retraite.

Elles accompagneront le Très Saint Sacrement avec un cierge à la main, lorsqu'il sera porté en viatique aux pauvres honteux, autant que leur commodité le pourra permettre, et donneront ordre d'être adverties pour cela.

Elles tâcheront de faire assister les pauvres convalescents de nourriture, qui les puisse restablir et mettre en état de gagner leur vie.

Elles auront soin de leurs pauvres paroissiens malades, qui auront été accueillis à l'Hôtel-Dieu, ou autres hospitaux, pour les visiter et consoler durant leur maladie et cependant auront soin de leur pauvre famille.

S'il y a des pauvres paroissiens détenus ès prisons, ou autres hospitaux, elles en auront pareil soin et on en députera deux pour cet effet.

Elles auront soin de faire célébrer quelques messes pendant l'année pour le salut des âmes des pauvres paroissiens décédés dans les hospitaux, prisons, ou en leur maison, et tous les ans une haute messe à leur intention dans l'Octave de la Commémoration des défunts, à laquelle elles se souviendront d'assister.

Elles feront dire tous les premiers lundis des mois, à 8 heures précises, la Sainte Messe pour demander à Dieu l'esprit pour bien s'appliquer à la visite des pauvres : et au cas où quelqu'une des dames de la Compagnie soit décédée, elle se dira à son intention, et chacune tâchera d'y assister le plus exactement qu'il sera possible.

Comme aussi elles auront soin qu'on célèbre la Sainte Messe pour chacun de ceux qui laisseront quelque aumône par testament, qui entrera dans le coffret de l'Assemblée bien qu'il ne soit pas du corps de la Compagnie.

Deux des dites dames seront députées de quinzaine en quinzaine pour aller adorer le Très Saint Sacrement au nom de l'Assemblée.

Lorsque quelqu'une de la Compagnie sera malade, ou aura quelque importante affliction, elle sera visitée et consolée par deux des dites dames députées pour cet effet par la dite Compagnie.

On fera lecture de temps en temps des dits
règlements afin qu'ils soient plus étroitement
observés[1].

---

1. L'ordre à tenir pour la visite des Pauvres Honteux, qui vient
ensuite, est à peu de chose près le même que celui que nous
avons reproduit plus haut. Nous nous abstenons de le répéter.

48553. — PARIS, IMPRIMERIE LAHURE

9, rue de Fleurus, 9